२९ चिल्लर

बुद्धूराम

BookLeaf Publishing
India | USA | UK

Made with ❤ on the BookLeaf Publishing Platform
www.bookleafpub.in
www.bookleafpub.com

Dedication

२९ चिल्लर मेरे पिता और मेरी सखी को समर्पित है।

Preface

मैं छट्ठी कक्षा में था जब मैने पहली कविता लिखी थी, आप सब के बीच वो पहला सिक्का तो नहीं रख रहा पर कुछ नए सिक्के जो गत ३-४ वर्षों में लिखें हैं आपके समक्ष रखता हूँ। मुझे लिखने का शौक़ हमेशा से रहा है पर शायद ये शौक़ मुझे मेरे पिता से मिला, अपने विद्यार्थी और आरंभिक संघर्ष के जीवन में उन्होंने कई मंचन नाटक और कविताएँ लिखीं थी पर जिम्मेदारियों ने ये शौक़ कहीं पीछे छोड़ दिया पर ये शौक़ संभवतः पीछा करता कभी किसी तरह मुझमें आ बसा।

इन चिल्लरों को समेट इस पोटली में डालने की सलाह और प्रोत्साहन दोनों मुझे मेरी सखी से मिले, वही मेरी कई चिल्लरों की आधार हैं और मेरे हर रचना की पहली श्रोता और आलोचक हैं। उनके प्रोत्साहन पर ही आप सब के समक्ष ये पोटली प्रस्तुत कर रहा हूँ। आशा है आपको पसंद आएगी।

Acknowledgements

मैं इस किताब तो वास्तविकता देने के लिए मेरे पिता, सखी, परिवार, मित्रों और उन सभी लोगों का आभार प्रकट करता हूँ जिन्होंने कभी ना कभी मुझे लिखने का प्रोत्साहन और विचार दिया। मैं बुक लीफ पब्लिकेशन का भी आभार व्यक्त करता हूँ जिन्होंने इस किताब तो सार्थक किया।
सभी पाठकों का अभिनंदन और आभार की उन्होंने २९ चिल्लर को अपना कीमती वक्त और स्नेह दिया।

0. २९ चिल्लर

मेरी जेब में कुछ चिल्लर पड़े हैं
आपस में टकरा खनकते हैं
मैं इनमें से २९ चिल्लर
आज सबसे बाँटता हूँ।
कुछ सिक्के मुझे बहुत प्रिय हैं
कुछ सिक्के प्रिय के हैं,
कुछ सिक्के पुराने हैं
कुछ अभी-अभी मैंने संवारे हैं,
कुछ सिक्के खोटे भी हैं
कुछ ज्यादा छोटे भी हैं,
पर बाकी सिक्कों में मिला
मैं हर सिक्का आज़माने आया हूँ,
मैं उनतीस सिक्कों की
खनक सुनाने आया हूँ ।।१।।

कुछ सिक्कों में प्रेम की खनक है
कुछ में गरीबी की सनक है
कुछ सिक्के दान माँगते हैं
कुछ सिक्के जाम पिलाते हैं,
कुछ सिक्कों की खनक में
गहरी गंभीरता बसी दिखती है
कुछ में छिप किस्मत हँसती हैं,
कुछ सिक्कों में समय की उम्र है
कुछ में मस्ती के रंग हैं

कुछ सिक्के सपनों के हैं
कुछ सिक्के अपनों के हैं,
कुछ सिक्के उड़ते-बहते हैं
कुछ सिक्के बीते कल के हैं
कुछ सिक्के सोच के हैं
कुछ सिक्के जोश के हैं
ज्यादा नहीं पर कुछ सिक्के होश के हैं ।।२।।

ये उनतीस चिल्लर
अब इस पेटी में हैं
इनकी खनक सुनना सुनाना
शायद मेरी नियति में है।
जो चिल्लर पसंद आएँ
साथ घर ले जाना,
जो खोटे पसंद ना आएँ
उन्हें इसी पोटली में रख
किसी के नोट छुट्टे कर आना ।।३।।

1. वादा

चलो हम वादा ना करने का वादा करते हैं,
इस वादे को निभाने का इरादे करते हैं।
क्योंकि
वादे तो अक्सर टूट ही जाते हैं,
इरादों के हाथ भी,
मुसीबतों की भीड़ में छूट ही जाते हैं।
ऐसे वादों की रेत पर
रिश्तों का महल ही क्यों बनाना?
इरादों की रेत पर
मोहब्बत का फूल ही क्यों खिलाना?

इन इरादों-वादों से दूर मिलते हैं ना
चलो हम और तुम बेफ़िज़ूल मिलते हैं ना,
ना कसमें ना कोई वादा होगा
ना कोई मंज़िल ना इरादा होगा,
ज़माने से कुछ दूर हमारे कुछ कल होंगे
हमारी यादों के ये कुछ मीठे पल होंगे ।।२।।

मगर याद रखना इन यादों का भी जनाज़ा होगा,
इन्हे इस ज़माने से छुपाना होगा,
छुपाकर दिल के इक कोने में दफनाना होगा।
इसलिए कहा था कोई वादा मत करना,
अब वादा ना करने का वादा भी निभाना होगा।
ये ज़माना बिन वादों के रिश्ता नहीं समझता,

इसलिए हमें तुम्हें और तुम्हें हमें भुलाना होगा,
या वादा ना करने का वादा झुटलाना होगा।।३।।

2. बीता कल

खेत आंगन सब लाला जी के पास है
शहर पढ़ने भेजा लड़का अब आखिरी आस है,
अगर वो नहीं भी लौटा तो कोई गम नहीं
माना पैसे कम है, पर इतने भी कम नहीं,
सुना है लाला की दुकान पे नई रस्सी आई है
सौ रूपए हैं बाकी, अब यही आखिरी कमाई है ।।१।।

सुनत बाड़ू! बबुआ की कौनो खबर हई का?
कहाँ! ऊ निपुत्रा डाकिया
हमार चिट्ठी नहीं लावत है,
हमार बबुआ कहां बा कईसन बा
कुछो खबर नहीं सुनावत है।
लावा ता ऊ आखिरी सौ रुपइया ले आवा
कहीं लाला की रस्सी ना महंगाई जाए ।।२।।

इंतज़ार के चार साल पूरे हो गए थे
लाला का ब्याज और लड़के बड़े हो गए थे,
लाला के नए नए जवान लड़कों की हिम्मत
अब आंगन लांघने लगी थी,
और कच्ची उम्र में ब्याही माँ
कोनों में सिमटने लगी थी ।।३।।

ई का हो?
कल तक ले एकरा दाम सौ राही,

काहे छोटे लाला काहे गरीब की कमर तोड़त हो,
तू ना देबा त कहीं और से ले आईं?
ए बाबा ज्यादा बुद्धि चलईबा तो घरो चल जाई
हमार उधारी पर पलकर, "कहीं और से ले आईं?"
ई ल रस्सी,
सौ रुपया जमा भईल, दस उधारी में लिखाई,
एतना मजबूत रस्सी पूरा दियारा में ना भिटाई ।।४।।

रस्सी ले घर तो आ गया
पर अभी बहुत काम बाकी है,
आज अच्छे अच्छे पकवान बनने हैं
और राधा को साले को देकर भी आना है।
अरे हाँ, आज शहर भी जाना है
पत्नी को मन पसंद कपड़ा दिलाना है,
बिचारी ने सारी उमर दो जोड़ी में काट दी
आखिरी अंतिम त्योहार है कुछ तो अच्छा पहनाना है।
पर पैसे?
आखिरी सौ तो रस्सी खा गई,
लाला के दरवाज़े हो आया है
नई साड़ी उधारी बढ़ा गई ।।५।।

अंगना में झूठी एक थाली पड़ी थी
उसमें थोड़ी दाल थोड़ी सब्जी बची थी।
नए लाल जोड़े में काकी क्या खूब लगती थी,
नई दुल्हन सा श्रृंगार
नई दुल्हन सी ही मूक झूलती थी।
काका पर आज भी फटी धोती ही थी,

कुर्ता तो कभी था ही नहीं
पर हाँ आज गमछी नई थी ।।६।।

जिस नीम के पेड़ को प्यार से पाला था,
आज उसी ने इन दोनों की रस्सी को संभाला था।
प्यार से झूलता ये जोड़ा अब शांत था,
चेहरे पर ना कोई चिंता ना गिला था।
आंगन की तुलसी भी सूख गई थी,
आज उस टपकते छत की हर दीवार खामोश थी ।।७।।

इंतेज़ार की राह पर
आज कोई चलता दिखाई देता था,
शहर पढ़ने गया लड़का
नौकरी और साड़ी लेकर लौटा था।
घर से निकलते
बापू ने कर्जे से फीस भरी थी,
माँ ने छुपा के रखी
आखिरी कुछ सौ की पत्तियों से मुट्ठी भरी थी ।।८।।

सौ की पत्तियाँ तो हफ्ते भर भी ना चल पाई
कलम किताब और दिखावटी दुनिया सब खा गई,
शाम को दुकान पे चाय पिलाता था
फिर दो वक्त आधा पेट खाता था,
इस तंगी में चिट्ठी को पैसे ना बचते थे
अब ये ऊँची इमारतें आँखों में खटकते थे,
आज पहली तनख़ा ले, वो खुद चला आ रहा था
खुशी में उछलता मचलता इतरा रहा था ।।९।।

एक तरफ साड़ी का डिब्बा था
एक तरफ कुकुर मिठाई चाटता था,
और उस टूटी जवानी को घेर
समाज झूलता जोड़ा देखता था।
बचपन में इन डालियों पर दो रस्सियां होती थी
बीच में तख्ता और झूलती बचपन थी,
आज फिर डालियों पर दो ही रस्सी थी
उल्टी पड़ी खाट और मरती बचपन थी ।।१०।।

आँखों के सामने अंधेरा छा रहा था
चारो ओर शोर,
और अंदर सब शांत होता जा रहा था।
आँखें खुली तो मखमल का बिस्तर
और माथे टपकता पसीना था,
अनजान शहर पढ़ने जाती बेटी
और डरावना बीता कल था ।।११।।

3. खून-पानी

क्या लिखूँ?
झुके कंधे, ज़िम्मेदारी और जोश लिखूँ
या किस्मत, हुस्न और बोझ लिखूँ।
मासूमियत में खिलती
वो हस्ता खेलता बचपन लिखूँ,
या संक्रमित होती सोच
और सड़ता मरता बचपन लिखूँ।
कूदता फांदता बसता लिखूँ,
या पकड़म-पकड़ाई वाला रास्ता लिखूँ,
या लड़का लड़की में बटता बचपन लिखूँ
या एक मोहब्बत एक नफ़रत लिखूँ?

बढ़ते हुए दो बचपन लिखूँ
या एक वारिस, एक पराया धन लिखूँ,
कुल के भविष्य दो वारिस लिखूँ,
या कुलदीपक और अंधियारा लिखूँ?
घर में चहकती जवानी लिखूँ,
या गरम खून और कैद की कहानी लिखूँ,
नौजवानों की अब मैं रवानी लिखूँ,
या चौखट पे खड़ा खून खानदानी लिखूँ,
या उस खिड़की की आँखों का पानी लिखूँ?
जब मैं सोचता हूँ मैं क्या लिखूँ?
सोचता हूँ खून-पानी लिखूँ ।।२।।

4. दाव

अब सोचता हूँ डरके
जो यूँ
तू खुदको मुझमें बसा रही है,
कभी सोचा है, इस नाचीज़ में
तू कितना यक़ीं दिखा रही है,
कभी सोचा है
इसने किससे कितने झूठ बोले होंगे,
कितने झगड़े किए होंगे
कितनों के दिल तोड़े होंगे।
कुछ पता भी है
कितनों को धोखा दिया होगा?
कब कहाँ कैसे
कितने रिश्तों को खोया होगा ।।१।।

और अगर तुझे यक़ीं है
कि तुझे मेरा हर हाल पता है,
तो बता
मुझमें कमाल क्या है?
मेरे दिल में
इस रिश्ते का ख्याल क्या है?
बता मैंने तुझसे कब
कितना सच कितना झूठ बोला है,
बता मेरी कौन सी रात अंधेरी
कौन सी तारों का मेला है,

और हकीकत यही है
इन सवालों के बीच ही रिश्तों का मेला है ।।२।।

तेरा यूँ खुदको मुझमें बसाना
जैसे ख्वाब सा है,
ख्वाब को सच करना
जैसे मेरी किस्मत का आशय बना है।
पर अब मैं भी खुदको
तेरे बसने लायक बना रहा हूँ,
तुझसे सिर्फ सच बोलता हूँ
अब अपना हर ख्याल बता रहा हूँ।
और यूँ तो नहीं कुछ खास है मुझमें
पर जो तुझे पसंद हूँ
सो खुद को खास बना रहा हूँ,
खुद को बिगाड़, खुद को सुधार रहा हूँ
खुदको खुदके काबिल बना रहा हूँ ।।३।।

फिर भी कहता हूँ सोच ले एक बार
तुझपे मर मिटने वालों से ज़माना भरा है,
और जो इन एहसासों में उलझ
तेरा दिल इस हठ पर अड़ा है
जान ले मुझे खुद में बसाने का
तेरा दाव बहुत बड़ा है ।।४।।

5. सजदा

मेरी खुदा बनोगी
इबादत का मौका दोगी क्या!
इन सागर सी गहरी आँखों की
गहराइयों में उतरने दोगी क्या!
इश्क सी लाल तुम्हारी लबों को
मेरा नाम पुकारने दोगी क्या!
हवा में उड़ती इन ज़ुल्फ़ों को
हमे सँवारने दोगी क्या!
इन खाली सूनी कानों में तुम
झुमके पहनाने दोगी क्या!
और चंचल भी हैं कुछ चाहतें हमारी
कमर पर हाथ रखने दोगी क्या!
अच्छा भूलो तुम सब बात हमारी
सजदा तो करने दोगी ना!
जब बैठूँ मैं घुटनों पर
जूते पहनाने दोगी ना!
और जो भी हों जज़्बात आपके
हमको तो चाहने दोगी ना?

6. चलो ना

चलो ना
आज फिर बिन बातों की बात करते हैं
शब्दों में छिपाकर दिल की कुछ बात कहते हैं,
चलो ऐसा करते हैं शायरियों से शुरुआत करते हैं
चलो ना आज बिन बातों की बात करते हैं ।।१।।

चलो ना आज फिर बिन बातों की बात करते हैं
पुरानी यादों को समेट एक साथ करते हैं,
फिर कुछ नई यादों को जोड़ते हैं
चलो यादों के शहर को फिर आबाद करते हैं,
चलो ऐसा करते हैं, शायरियों से ही शुरुआत करते हैं
चलो ना बिन बातों की बात करते हैं ।।२।।

चलो ना आज फिर बिन बातों की बात करते हैं
आज साथ में कुछ समय बर्बाद करते हैं,
चलो ना कुछ बेफिजूल की बात करते हैं
कुछ पुरानी यादों को याद करते हैं,
चलो ना इन सबको मिलाकर
नई यादों का निर्माण करते हैं,
चलो ऐसा करते हैं, कविताओं का हाथ पकड़ते हैं0
हाँ-हाँ पुरानी यादों और शायरियों को भी साथ रखते हैं,
चलो ना फिर बिन बातों की बात करतें हैं
चलो कुछ नई बात करते हैं ।।३।।

चलो फिर से शुरुआत करते हैं
अबकी ख़ामोशी से बात करते हैं,
होठों को सिल, लफ्जों का निर्माण करते हैं
चलो ऐसा करते हैं, आँखों से बात करते हैं।
चलो ऐसा करते हैं, फिर आज साथ बैठते हैं
एक दूसरे की कुछ अधूरी बात करते हैं,
चलो ऐसा करते हैं, सच और झूठ के पार चलते हैं
कुछ बातों को छुपा, कुछ ही बातों का विस्तार करते हैं
चलो सिले होठों से लफ्जों का निर्माण करते हैं
चलो ऐसा करते हैं, आँखों से बात करते हैं ।।४।।

चलो ना एक दूसरे का सच जानते हैं
चलो एक दूसरे का झूठ पकड़ते हैं,
चलो एक दूसरे की आँखों में झांकते हैं
चलो ऐसा करते हैं, एक दूसरे का वक्त समझते हैं,
चलों अपनी-अपनी खुशियों में आँखें मींचते हैं
ख़ामोशी में अपना-अपना दर्द चीखते हैं,
चलों होठों को सिल लफ्जों का निर्माण करते हैं
चलो ऐसा करते हैं,
अबकी इशारों–इशारों में बात करते हैं ।।५।।

7. चाहतों की नाव

चाहत की जंजीरें
या जंजीरों की चाह
मन का मचलना
देख कश्मकश की राह,
समय का लम्हा
लम्हें की बारीकियाँ,
अठखेली करती
किस्मत की सहेलियाँ,
किस्मत का लिखा
लिखावट की बनावट,
बनावट की नक्काशियाँ
नक्काशों की सजावट,
ज़िंदगी की ये हसीन खामोशियाँ
और इनमें अकढ़ते-बदलते करवट ।।१।।

वो राह के मोड़
उनपे लड़खड़ाते पैर,
अनजानों
और अपनों से बढ़ते बैर,
टूटती हिम्मत फिर संभलने का खैर
फिर सोच और साजिश की सैर ।।२।।

चलने की खुशियाँ गिरने का ख्वाब
लंबी धारा बिछड़ने का बहाव,

बातों की खिचड़ी
ख्याली पुलाव,
यादों की पट्टी
चुप्पी के घाव,
जिंदगी की ये हसीन खामोशियाँ,
और इनमे
टूटती-डूबती कुछ चाहतों की नाव ।।३।।

8. गुरु उभर कर आएगा

जब-जब सदाचार भंग होगा
समाज आततायियों से तंग होगा,
जब-जब संकट गहराएगा
निरंकुश शासन छाएगा,
फिर इतिहास स्वयं दोहराएगा
एक चाणक्य उभर कर आएगा,
चरणों में चंद्रगुप्त संग लाएगा ।।१।।

सूरज, पानी, ठंड लहर
वो सबसे शिष्य लड़ाएगा,
शत्रु नहीं वह स्वयं शिष्य को
विष का पान कराएगा,
तिल-तिल खुद तोड़ उसे वो
एक महाकाल बनाएगा।
फिर रण में वो महाकाल लड़ेगा
हर शत्रु का काल बनेगा
हर शीश काट वो लाएगा
गुरु चरणों में नंद झुकाएगा ।।२।।

जब-जब वचनों का भंग होगा
कोई राजा सत्ता मद में रंग होगा,
जब राजसभा अपनी सीमा भूलेगी
एक ऋषि के सम्मान से खेलेगी,
फिर इतिहास स्वयं दोहराएगा

एक द्रोण उभर कर आएगा,
शास्त्रों की भट्टी में
पांडव वो पाँच पकाएगा ।।३।।

गुरु आज्ञा को सरधार
पाँच पांडव रण में जाएंगे,
पाँच नहीं वे मुट्ठी बन
सहस्त्रों से भिड़ जाएंगे,
युद्ध क्षेत्र में फिर वे पांडव
तांडव सा कहर मचाएंगे,
और तोड़ चक्रव्यूह ध्रुपद का
गुरु चरणों में पांचाल चढ़ाएंगे ।।४।।

9. समय की परछाई

यादों की गहराई
बातों में लड़ाई,
रातों की पढ़ाई
मस्ती की तबाही,
मुड़ जब देखा
दिखी समय की परछाई ।।१।।

उन रिश्तों की बुनाई
उनपे प्रेम की कढ़ाई,
फिर दोस्ती की सिलाई
अपनों की खिंचाई
और
मनचलों से लड़ाई,
मुड़ जब देखा
दिखी समय की परछाई ।।२।।

उस हार का मलाल
और अपनों से बवाल,
फिर नई शुरुआत
नई जीत की बात,
सपनों की वह रात
और डर की वह घात,
जीत का जश्न
और हार की गहराई,

मुड़ जब देखा
दिखी समय की परछाई।।३।।

उस परछाई में रौशनी
उस रौशनी में अंधकार,
उस अंधकार की भरपाई
उस भरपाई की काली कमाई,
यह व्यवस्था देख
मेरी आत्मा चकराई,
फिर मुड़ जब देखा
दिखी समय की परछाई ।।४।।

यादों का वह सागर
उसमें मन की कश्ती,
भावों की लहरें
और इच्छा की पतवार,
ख्वाबों के तारों में
यादों के सागर में
डूबती देख कश्ती
मेरी रूह लड़खड़ाई,
फिर मुड़ जब देखा
दिखी समय की परछाई ।।५।।

10. तुम

शायद मुझे नहीं जानती तुम
पर तुम्हें याद करता हूँ मैं,
इस कदर पागल हूँ
खुद से बात करता हूँ मैं,
चलो छोड़ो इन बातों को,
कल का हाल सुनाता हूँ
अपने पागलपन की हद बताता हूँ ।।१।।

कल रात की बात है,
इश्क़ में डूबा दोस्त
टूटता तारा खोज रहा था,
उसको देख मैं सोच रहा था,
ये तारा क्या करेगा
जो खुद टूट, बिखर रहा है
वो हमारा क्या करेगा?

सच कहता हूँ,
हम विज्ञान के छात्र
अंधविश्वास से परेशान हैं,
अगर मांगने से मिलता
तो मेहनत का क्या काम है ।।३।।

अभी मैं सोच ही रहा था
नए तर्क खोज ही रहा था,

इतने में एक तारा टूटा,
फिर क्या!
आँखें बंद, साँसें गहरी
धड़कन बढ़ी लय में,
ना कुछ सोचा, ना समझा
बस माँग बैठा, तुम्हें मैं ।।४।।

11. बीता साल

अब ये साल भी बीता
पर ना जाने क्यों!
सब कहते हैं भूलो बीता कल,
क्यों भूलें हम बीता कल?
जो बीता वो तो अपना है ना!
और इस बीते कल में कुछ जोड़ घटा
नए साल का सपना है ना!
बीते साल बहुत कुछ बीता
पर हर अनुभव में सीख भी तो है ना,
क्यों भूलें हम बीता कल
जो बीता वो तो अपना था ना ।।१।।

बीते साल हमारा दूर से पास
पास से दूर जाना
हमारा लड़ना-झगड़ना
हमारा साथ निभाना है ना,
छोटी-छोटी जीत फिर कुछ हारना
पर एक दूसरे का हाथ तो था ना!
जैसा सोचा शायद वैसा ना था
पर बीता साल तो सच था ना ।।२।।

कैसे भूलूं ये बीता साल
इसमें इतनी नोक-झोंक है,
इतनी सारी हँसी

थोड़े से आँसू हैं,
वो आपका रूठना
फिर मान जाना है,
वो मेरा परेशान करना
आपका खिलखिलाना है ।।३।।

वो डांट का डर
फिर भी घंटों साथ घूमना है,
वो साथ खाना
साथ शॉपिंग है,
वो मूवी डेट
और सूरज की रौशनी है,
कंधे पर सर रख स्क्रीन निहारना है
बालों में उलझ
आँखों में डूब जाना है,
साथ में चुगली
और कहानी सुनना-सुनाना है,
सपनो से सपनो को सिल
सपने बनाना है ।।४।।

पैर दबाना
गाल खींचना,
घंटों तकना
हाथ पकड़ना,
ना जाने
कितने अनगिनत लम्हों का खजाना है।
बीते साल कई सपने भी पूरे हुए

कुछ अधूरे भी रहे,
उन अधूरों को उँगली पकड़
नए साल से भी मिलवाना है,
चलो थामों फिर बीता कल
अब नए साल को जाना है ।।५।।

12. कौन हो तुम

कौन हो तुम!

मुझे सब चाहिए और मुझे कुछ नहीं चाहिए,
मेरा वो सब हो तुम।

मेरी चेहरे की मुस्कुराहट हो,
मेरे खुशियों की आहट हो,
मेरा सब कुछ हो तुम।

मेरे हर ख्याल का पहला अक्षर हो,
मेरे हर सवाल का जवाब हो तुम।

मेरे धड़कनों की लय हो,
मेरी समझ की सूत्रधार हो तुम।

मेरी सोच मेरी समझ का आधार हो तुम,
मेरे अस्तित्व का विस्तार हो तुम।

जहाँ सर झुका मैं खुद को पा सकूँ,
वो शांति का द्वार हो तुम।

मैं जिस मंदिर रोता हूँ,
उस मंदिर की आराध्या हो तुम।

मेरा आज मेरा कल
मेरा सब कुछ हो तुम,
मेरी भगवान हो तुम।

अब ये सारा मैं धुंधला हो गया है
अब सिर्फ सच हो तुम।।

13. सखी

यहाँ
सब अच्छा है सखी,
पर तुम्हारी याद
दिल से नहीं जाती।

जब तुम
पास दो पल ही बैठती हो,
ये घड़ी
उस पल रुक क्यों नहीं जाती?

तुम्हारी यादों का तांता
तो लगा ही रहता है,
पर तुम्हारी महक
ज़हन से क्यों नहीं जाती?

जब ख्वाबों में तुम हम
साथ हैं बैठे,
फिर ये ज़मीनी दूरियाँ
कम क्यों नहीं जाती?

आँखों के सामने
तुम्हारी तस्वीरें तो आती हैं,
पर दिल कचोटता है
तुम तस्वीरों से निकल,

बाहर क्यों नहीं आती?

हम रोज़
कुछ ना कुछ बतिया ही लेते हैं,
फिर भी ये यादें
थम क्यों नहीं जातीं?

यहाँ
सब अच्छा है सखी,
पर तुम्हारी याद
दिल से क्यों नहीं जाती?

14. होरी

ऐ दीवानों की टोली सुनो
होरी आ रही,
एक ओर उड़त अबीर
एक ओर से गोरी आ रही,
ऐ दीवानों की टोली सुनो
होरी आ रही ।।१।।

एक ओर घटा गरजे
एक ओर धरा पर बूँदें टपक रही,
एक ओर फागुन गाए
एक ओर हवा में भांग चढ़ रही,
एक ओर उड़त अबीर
एक ओर से गोरी जा रही,
ऐ दीवानों की टोली सुनो
होरी आ रही ।।२।।

एक ओर पानी में रंग
एक ओर पिचकारी भर रही,
एक ओर गुलाली गाल
एक ओर चुनरी रंग रही,
एक ओर उड़त अबीर
एक ओर गोरी गा रही,
ऐ दीवानों की टोली सुनो
होरी आ रही ।।३।।

एक ओर गुलाबी मांग
एक ओर चरणों में अबीर,
कहीं किसी का पहला फागुन
कहीं कोई पिया रंग रंग रही,
एक ओर उड़त अबीर
एक ओर से गोरी झाँक रही,
ऐ दीवानों की टोली सुनो
होरी आ रही ।।४।।

अब भी अवसर है
माँग इजाज़त अपनी गोरी से,
देख उधर वो अप्सरा चली
रख हाथों में गुलाल,
माँग इजाज़त रंगने की अब तू
आज सजनी रंग डार,
एक ओर उड़त अबीर
एक ओर गोरी के गाल,
ऐ दीवानों की टोली सुनो
उड़त होरी में गुलाल ।।५।।

15. भूदान माँगता हूँ

अब सोचता हूँ
कि मैं क्या चाहता हूँ?
इन कदमों में रहना चाहता हूँ,
या आपके ज़ेहन में बसना चाहता हूँ?
चाहतें मेरी अब कुछ यूँ हैं
कि मैं दोनों शहर चाहता हूँ,
इसपर भी यूँ
कि एक सड़क और चाहता हूँ,
ज़ेहन और कदमों के बीच,
सुकून का सफर चाहता हूँ।
और जो सफर को आराम मिले
मैं ठहरने को एक तीसरा शहर चाहता हूँ,
और
जब चाहता हूँ इतना कुछ
तो सफर में आराम को,
इस दिल में बसर चाहता हूँ ।।१।।

अब जब तीन शहर हैं
तो ये सड़क पक्की चाहता हूँ,
तीनों के रख रखाव में
एक सा समर्पण चाहता हूँ।
मैं दिन दूनी रात चौगुनी
मेहनत करना चाहता हूँ,
तीन हिस्से की मेहनत को शहर पर खर्च,

चौथा आपकी चाहतों के लिए चाहता हूँ ।।२।।

अब जो तीन शहर
और
एक सड़क चाहता हूँ,
मैं चारों की बुनियाद में
सच चाहता हूँ।
मैं हवा-हवाई महलों से दूर
छोटे-छोटे घर चाहता हूँ,
मैं हर घर में खुशियों के डब्बे
झगड़े की पुड़िया चाहता हूँ,
मैं हर शहर में खिलखिलाना चाहता हूँ,
मैं रोना, मैं चिल्लाना
मैं उछलना कूदना चाहता हूँ।
मैं हमारे रिश्ते को ज़िंदा चाहता हूँ,
मैं तुमसे लड़ना झगड़ना रूठना चाहता हूँ,
और इन सबसे थककर
गोद में सर रख सोना चाहता हूँ ।।३।।

चाहने को तो
मैं तीन शहर चाहता हूँ,
पर ये सल्तनत है तुम्हारी
सो मैं भूदान माँगता हूँ।
इन शहरों में सफर को
तुम्हारी शर्तों की सड़क माँगता हूँ,
चाहता हूँ मैं ज़ेहन,
दिल और कदमों में बसर चाहता हूँ,

मैं हर शहर को
बारीकी से गढ़ना चाहता हूँ,
पर इन सब से पहले
तुम्हारी शर्तों की सड़क चाहता हूँ,
मैं तीन शहर बसाने को
भूदान माँगता हूँ ।।४।।

16. हवा-पानी

पहाड़ों पे जमती-पिघलती चली
नदियों का हाथ थाम बढ़ती चली,
जंगल से गुज़र पेड़ों से मिली
कुछ पत्तों पर रुकी, कुछ मिट्टी में मिली,
कुछ संगम बनी, कुछ सागर को चली,
कुछ धूप से जली फिर उड़ती चली
कुछ उड़ती-उड़ती लौट पहाड़ों को आई
चोटी से टकराई फिर बरसी वहीं,
पहाड़ों पर जमी फिर पिघलती चली
नदियों का हाथ थाम फिर बढ़ती चली ।।१।।

वो पत्तों की सरसराहट में है
मैदानों की आहट में है,
जीवन की हर डोर में है
खुशियों में हैं गर्म आहों में है,
रात की थपकियों में है
सिसकियों को पोंछती सहलाती गालों पे है,
कानों में गुनगुनाती गानों में है
फुसफुसाती चट-पटी बातों में है,
वो पत्तों की सरसराहट में है
मैदानों की हर आहट में है ।।२।।

ऋतुएँ भी इनकी सखा सहेली हैं,
ऋतुराज इन्हें महकाते हैं

ग्रीष्म पिघलाती है,
वर्षा छुपे अरमान जगाती है
फिर शरद भी इन्हें थोड़ा पनपाती है,
फिर दूत हेमंत से ठंड की सूचना आती है
इतने में धुंध में छिप शिशिर ठिठुराती है,
बस यूँ ही
इनकी हर साल बीत जाती है ।।३।।

17. खाली हाथ

खाली हाथ आए थे खाली हाथ जाएँगे
जो भी पाया है सब यहीं धर जाएँगे,
ना इस सफर के लिए बस्ते होंगे
ना ये सब ले जाने को हाथ मिल पाएँगे,
फिर भी हम इस झूठ को झुठलाएँगे
थोड़ा कमाया है अभी बहुत कमाएँगे।
इस प्रेम को ना बक्सा चाहिए
ना उठाने को हाथ,
हम आत्मा में बसा हर पाई ले जाएँगे ।।१।।

नहीं मिला सब तो क्या!
शिद्दत से किस्मत तो आज़माएँगे
अभी-अभी उम्र शुरू हुई है
इतनी जल्दी थोड़ी हार मान जाएँगे,
जो थक गए, डर गए, रुक गए, हार गए
वो जाएँ खाली वापिस,
हम खाली हाथ आए तो थे
आत्मा भर ले जाएँगे ।।२।।

और मान लिया जो लड़ते हार भी गए
तो उम्मीद बसा ले जाएँगे,
क्या पता अगले जन्म
अधूरे प्यार को पाएँगें,
हाँ जाएँगे अगर हार कर

तो सिर्फ उम्मीद नहीं ले जाएँगे,
जाएँगे देकर कुछ तो अपनों को
कुछ नए लोगों में आग लगा जाएँगे,
जितना प्रेम हम कमाएँगे
उससे कई गुना लुटाकर जाएँगे,
अगर फिर से आना हुआ
तब सूद समेत वसूल ले जाएँगे,
माना खाली हाथ आए तो थे
पर खाली आत्मा नहीं जाएँगे ।।३।।

प्रेम नहीं
कि सिर्फ अपनों से चाहिए,
प्रेम चाहिए समाज से जिसमें इज्जत हो,
प्रेम चाहिए अपने काम से जिसमें सफलता हो,
प्रेम चाहिए गलियों से जिनमें किलकारियाँ हो,
प्रेम चाहिए सड़कों से जिसमें सुरक्षा हो,
प्रेम चाहिए सत्ताधारियों से जिसमें हमारा हक हो,
प्रेम चाहिए अखबारों से जिसमें समस्याओं की चर्चा हो,
प्रेम चाहिए अफसरों से जिसमें रिश्वत ना हो,
प्रेम चाहिए कानून से जिसमें हमारा खंडन ना हो,
प्रेम चाहिए स्त्रियों से जिसमें घिन ना हो,
हमें हर एक प्रेम चाहिए
हम खाली हाथ आए तो थे,
पर खाली हाथ नहीं जाएँगे ।।४।।

हम करेंगे मेहनत रोज
रोज अपना कर्म सच्चाई से करेंगे

सड़कों पर ध्यान से चलेंगे
सबका सम्मान करेंगे
किसी की सुरक्षा से नहीं खेलेंगे
बस अपने हक को लड़ेंगे
खबरों में मसाला नहीं चाटेंगे
किसी दफ़्तर में जुगाड़ नहीं करेंगे
नाम जप वोट नहीं करेंगे
किसी को छूने की कोशिश नहीं करेंगे
अभी तो जवानी शुरू हुई है,
खाली हाथ के झूठ में नहीं फसेंगे।
भले मेहनत कम करें
पर जितनी करेंगे सच्ची मेहनत करेंगे,
थोड़े प्रेम कमाएँगे ढेर सारा लुटाएँगे,
फिर कुछ सदियों बाद अपना हिसाब बना
आत्मा भर आगे चले जाएँगे।
हम नौजवान खाली हाथ आए थे
भर पेट प्यार ले जाएँगे,
खाली हाथ कोई नहीं जाता
अगली पीढ़ी को भी समझाएँगे,
हम खाली हाथ आए तो थे
पर खाली हाथ नहीं जाएँगे ।।५।।

18. प्रिय सखी

प्रिय सखी,
प्रिय सार है सखी आधार है।
प्रिय सखी,
तुम मेरे जीवन का ठहराव हो
सुकून हो मेरी भावनाओं का बहाव हो।
प्रिय सखी,
तुमसे मैंने अपनी हर चिंता बाँटी है
हर खुशी हर परेशानी साझी है।
प्रिय सखी,
तुम्हारे होने से मुझमें कुछ नए रंग हैं
तुमसे मेरे रंगों में नए उमंग हैं।
प्रिय सखी,
तुममें अब मेरा ख्याल रहता है
मेरा ख्याल अब आज़ाद रहता है।
प्रिय सखी,
तुमसे मुझे विश्वास रहता है
सफल हूँ ये एहसास रहता है।
प्रिय सखी,
मेरा हर कल तुमसे ही गुजरता है
हमारे होने में भविष्य का विस्तार रहता है।
प्रिय सखी,
हमारा रिश्ता हमारी दोस्ती से बहुत बड़ा है
पर इस दोस्ती में हमारा आधार रहता है।
प्रिय सखी,

हम अब घुलने लगे हैं एक में
तुम और मैं अब हम है ये ख्याल रहता है।
प्रिय सखी,
प्रिय सार है सखी आधार है।।

19. मैं इतिहास हूँ

मैने
शाख से पत्तों को गिरते देखा है
गिरे पत्तों को सड़ते देखा है,
हरी डाल सूखते देखा है
फूलों को मुरझाते देखा है।
आंधी, तूफान और भूकंप देखा है
प्रलय की दहाड़ और नरसंहार देखा है,
मैने मृत्यु का नाच देखा है।
फिर भी अंत से क्यों डरूं मैं,
मैने अंत में आरंभ देखा है।
मैने वर्तमान और भविष्य को मैं बनते देखा है
मैं इतिहास हूँ, मैने सच देखा है ।।१।।

मैने युगों का अंत देखा है
दुष्ट और संत देखा है,
रंक को राजा, राजा को सम्राट बनते देखा है
सम्राट की जीत और बढ़ता साम्राज्य देखा है,
मैने रक्तपात और शवों का अंबार देखा है
फिर साम्राज्य का विनाश देखा है,
नए युग का आरंभ देखा है
मैने काल चक्र देखा है।
मैने वर्तमान और भविष्य को मैं बनते देखा है,
मैं इतिहास हूँ, मैने सच देखा है ।।२।।

मैने
पशु को मनुष्य बनते देखा है
मनुष्यों को पशु व्यवहार करते देखा है,
लालच को बढ़ते और षड्यंत्र को पनपते देखा है,
रिश्तों को बनते बिगड़ते देखा है
आपसी रंजिश और झगड़ते देखा है,
मैने ज़बान फिसलते देखा है
वचनों से मुकरते देखा है,
सच और झूठ का विस्तार देखा है
सही और गलत का संग्राम देखा है,
मैने रौशनी की परछाई और अंधकार देखा है,
मैने इंसान की इंसानियत
और इंसानियत का सच देखा है।
मैने वर्तमान और भविष्य को मैं बनते देखा है
मैं इतिहास हूँ, मैने सच देखा है ।।३।।

मैने
रामायण, महाभारत, बुद्ध और महावीर देखा है
मौर्य साम्राज्य और मुगल विस्तार देखा है,
अत्यताइयों का राज देखा है
आज़ादी का संग्राम और त्योहार देखा है,
मैने हर सदी का विस्तार देखा है।
मैने वर्तमान और भविष्य को मैं बनते
देखा है
मैं इतिहास हूँ, मैने सच देखा है ।।४।।

20. हर्षवर्धन

सबका अभिनंदन,
निर्धन से निर्धन मजबूर हर्षवर्धन,
तन पर ना कपड़ा फटी धोती
नवाबों की तरह खाता सूखी रोटी,
सुबह से शाम उसके पास ना था काम
आलसी करता पूरे दिन आराम ।।१।।

सयानी बेटी जेब में अठन्नी
क़र्ज़ की पतंग की भी कट गई कन्नी,
बीमार माँ टूटा भवन
ज़िंदगी से तंग निर्धन हर्षवर्धन।
पत्नी की साड़ी बेटे की किताब
कमाई अठन्नी रुपए का हिसाब,
माँ की दवाई बेटी की सगाई
पैसे की तंगी खुशियाँ थी महँगी ।।२।।

चुप रह गया, सब सह गया
शायद उम्मीद थी दिन बदलेंगे
आँगन में खुशियों के फूल खिलेंगे,
पर देख महँगाई रह गई माँ की दवाई
बेटे की किताब बेटी की सगाई
छोटी सी कमाई दहेज ना दे पाई ।।३।।

टूट गई हिम्मत, टूटा विश्वास

आस की लौ भी छूट गई
हर्षवर्धन की हिम्मत टूट गई,
शांत हर्षवर्धन शांत हो गया
मृत्युलोक छोड़ गया
संभवतः कायर था, डर गया
अपनों को समाज भरोसे छोड़ गया ।।४।।

कई साल बीत गए
उन्नति के गीत नए,
हर्षवर्धन पुत्र यशवर्धन का समय आया
उन्नति का नया रूप
इक्कीसवीं सदी में पाया,
यशवर्धन के पास दिन भर काम था
एक पल भी ना कर सकता आराम था,
कमाई इतनी पचास रुपए जिसका नाम था
हर्षवर्धन नाकाम यशवर्धन के पास काम था,
हर्षवर्धन पटरी पर विलीन हुआ
यशवर्धन के पास ज़हर का दाम था ।।५।।

एक ही पीढ़ी में बदलाव बहुत आया
भूख अब डाइट हो गई
बीमारी एक फाइट हो गई,
बीमार माँ एक्शन हो गई
फटी धोती फैशन हो गई,
अठन्नी हिस्टोरिकल प्रॉपर्टी बन गई
टूटा भवन हॉरर सेट रह गया,
अमीर भी अब रिच हो गया

मर्यादा की नई सीमा खींच गया,
अपरंपार है ये माया
एक ही पीढ़ी में सब बदल गया,
समाज जलेबी सा सुधर गया
ना जाने कब और कैसे
निकम्मा गरीब भी पुअर हो गया ।।६।।

21. घर बनाती हो

जब तुम उदास होती हो,
मुझे क्यों भूल जाती हो?
अपनी खुशियों में तो
मुझे संग लाती हो।
मैं तो तुम्हारी परछाई हूँ ना सखी,
फिर क्यों मन की बात
कह नहीं पाती हो!
मैं जानता हूँ कि तुम कुछ बातें
खुद तक ही रखती हो,
पर मुझे खुद में क्यों नहीं मिलाती हो!
और ये कोई शिकायत नहीं आपसे,
मैं जानता हूँ
आप घर की बातें
घर में रखना चाहती हो।
बस बेसब्र हूँ खुद के पूरा होने का,
पर खुश हूँ, आप जो रोज
मुझे थोड़ा-थोड़ा घर बनाती हो।।

22. नाविक

सूरज की चाँदनी
भरी दोपहरी तारों का चमकना
बादल का हँसना
बूंदों का झगड़ना
रेत के महल
समंदर का किनारा
ऐसे बचपन में शुरूमेरी कश्ती का अफ़साना ।।१।।

बंदरगाह छोड़
जब निकली थी मेरी कश्ती
ख्वाबों से भरी थी नई नवेली,
हर सपने को पार करते
नए ख्वाब जुड़ने लगे
धीरे-धीरे मेरे कश्ती के
कमरे कम पड़ने लगे,
पर जो-जो उम्र का सूरज चला
समंदर भयावह हो गया
हर अगले पड़ाव पर
ख्वाबों का जमावड़ा कम हुआ ।।२।।

आज फिर इस कश्ती से
एक नाविक उतरा है,
जल्द आने का कहकर
कहीं लापता है।

बचे कुछ ख्वाब ले
कश्ती फिर समंदर को चली
जो-जो उम्र का सूरज चढ़ा
मुसीबतें बढ़ी ।।३।।

पहले पड़ाव में कुछ बचकाने सपने उतरे
फिर सपने मुझसे बड़ा जहाज़ देख उतरे
कुछ दूसरों के बहकावे में उतरे
कुछ दूसरों का हाथ पकड़ उतरे
कुछ सपने बाकी सपनों से झगड़े
कुछ ना जाने कब अनजाने में छूटे
ना जाने कितने नए शहरों में बिछड़े
कुछ गलत सलाहों पर भटके
अब भूल गया मेरे कितने नाविक उतरे
उम्मीद की झूठी डोर है
शायद अगले बड़े पड़ाव पर कुछ लौटें ।।४।।

इसी उम्मीद पर कश्ती
फिर समंदर में उतरी
थोड़े कम नाविक हैं
सो लहरों में जूझी
लहरें अब मेरी कश्ती
खिलौनों सा उछालती थी
पर कुछ सरफिरे नाविकों के भरोसे
मेरी कश्ती आगे खेती जाती थी।
तूफ़ान पहले भी आए
पर कोई बिखेरने नहीं आया था

रात गहरी और तेज शोर था
बस एक पहर और,
फिर तो शांत भोर था
सुबह की पहली लौ
जीत का हुंकार भरती थी
वो आगे बड़ा शहर दिखता था
क्योंकि ये सरफिरों की कश्ती थी ।।५।।

ये शहर कई नाविकों का सपना था
सो वो आज उतर गए,
पर मेरी कश्ती का हौसला देख
अगले शहर को नए नाविक चढ़ गए।
इस पड़ाव कश्ती को फिर नया करवाया
बड़ा बेहतर पाल बनवाया
उमंग में मिला नया रंग चढ़ाया
और नाविकों के लिए कमरा बढ़ाया ।।६।।

ये मेरा पहला बड़ा पड़ाव था
शायद टूट बिखर जाती मेरी कश्ती आज,
पर मेहनत में किस्मत मिला
मैं बच निकला तूफ़ान से,
पर अब भी समंदर पार करने को
कई पड़ाव बाकी हैं,
जितने भी नए सपने चढ़े हैं
कईयों से लगाव फिर बिछड़ाव बाकी है।
शायद मैं कहीं थक रुक जाऊँ
मेरी कश्ती तिनकों सी बिखर जाए,

पर ये नाविक
कोई ना कोई किनारा ढूँढ ही लेंगे
फिर से कोई ना कोई कश्ती थाम ही लेंगे ।।७।।

आज ना सही कल ना सही
अगर मैं और तुम नहीं तो ना सही,
हम ना तो हमारे बाद ही सही
कभी कोई तो आएगा
जो सारे नाविकों को समंदर पार कराएगा ।।८।।

23. चाहत के एहसास

तुमने पूछा था ना!
पसंद हो या प्यार करता हूँ मैं
मुश्किल सवाल है
पर जवाब देता हूँ मैं।
ये सारे मेरे लिए
नए से एहसास हैं,
इन एहसासों में
अलग से जज़्बात हैं,
इन जज़्बातों की सच्चाई
तो तुम बता पाओगी,
मेरी आँखों में देख
इन एहसासों को समझ पाओगी,
और समझ सको तो
मुझे भी समझाना ज़रूर,
चाहत है या मोहब्बत
हमें भी बताना ज़रूर।
यदि मेरी समझ से पूछती हो...
और अपनी समझ से अगर बोलूँ
तो मेरी चाहत के एहसास
कुछ और भी खास हो गए हैं
शायद
तुम्हारी मोहब्बत के पास हो गए हैं।।

24. कालिख राख

मैंने कई शामें लगाई हैं
इन पन्नों को रंगने में
कलम की स्याही उड़ेल
इन शब्दों को मढ़ने में ।।१।।

मैंने कई रातें लगाई हैं
इन सपनों को बुनने में,
ख्वाबों को चुन
मेहनत से रंगने में ।।२।।

मैंने कई सुबह लगाईं हैं
अपनी खुदगर्जी कुचलने में,
अपनी इज़्ज़त समेट
अपने संस्कारों में मढ़ने में ।।३।।

बाबा ने अपनी संपत्ति लगाई है
मुझे शहर में पढ़ाने में
क़र्ज़ में घर लाला को चढ़ाया है
मेरे सपनों को जीने में ।।४।।

कौन एक दिन परीक्षा लीक कर गया
फिर सड़कों को आवाज दी चिल्लाने में
फिर लाठियाँ भी खाली
कोठरियों से घूम आने में ।।५।।

देशद्रोह और नाकामयाबी की कालिख छुपा
फिर बाबा के कंधे और माँ के आँसू लगा
मैंने अपनी राख लगा दी
इस कालिख को धोने में ।।६।।

25. सब ज़ाया

उनका यूँ मित्र बताना
उनका यूँ दोस्त बुलाना
सब ज़ाया,
उनका यूँ आँखें चुराना
कभी उनका आँखें दिखाना
सब ज़ाया,
उनके इंतज़ार में लम्हें गिनना
हमारे कदमों की आहट सुनना
सब ज़ाया,
हमारा उनको बुलाना
उनसे घंटों बतियाना
सब ज़ाया,
उनसे वो दिल की बातें
उनकी आगोश में वो रातें
सब ज़ाया,
उनका हमसे रूठना
हमारा उनको मनाना
सब ज़ाया,
उनका रोज दीदार करना
उनसे इज़हार-ए-इश्क़ करना
सब ज़ाया,
ऐ खुदा तू इतने हसीन सपने क्यों देता है
नींद खुली और सब ज़ाया ।।

26. संरचनाकार

सृष्टि की संरचना के सार
गगन स्थित मेघों के पार
तल से दूर मन में विचार
कौन है सृष्टि संरचनाकार?

अग्नि की प्रबल ज्वार
यह मंद हवा हितकार
खेतों में लहलहाती फसल
वृक्षों के स्वादिष्ट फल
नरम-नरम हरी घास
पुष्प छटा रंग सुंदर रास
हर पल हर कण हर विचार
कौन हैं प्रभु संरचनाकार ।।२।।

अटल प्रबल विशाल विराट
शीश उठाए पर्वत सम्राट
ऊँची लहर भीषण जल कहर
शोर मचाता समुद्र विराट।
तेज हवा की प्रलय दहाड़
मेघों से गिरती अलबेली फुहार
समुद्र की लहरों के पार
प्रलय की रुद्र प्रहार,
जीव-जन सब बेजान
दुखी सृष्टि की तंज कहार

कहाँ हैं सृष्टि पालनहार?

प्रबल विशाल विराट अटल
भूत वर्तमान हमारा कल
कर्म धर्म पुण्य पाप संबल
सोच-विचार हर कण हर पल
संयुक्त सृष्टि के जीवन बल।
मंद हवा पालनहार
ठंडी फुहार जीव हितकार
समुद्र विशाल, जीवों का भार
विराट तल वृक्ष मनुष्य जीव स्थल
प्रकृति ही प्रभु सरल ।।४।।

27. राजनीति का भवन

राजनीति का भवन
सबसे अनूठा सबसे मनोरम
कहीं टी पार्टी
कहीं समोसे गर्मा गरम,
ए० सी० वाला हॉल
मंत्रियों के कॉल,
कहीं बड़े-बड़े फंडिंग
कहीं डोनेशन स्मॉल।
कुछ बोरियों में कागज़
कहीं कुछ चमकते हार,
सबसे महँगी सिनेमा की टिकटें
और भक्तों की लंबी कतार।।१।।

वो जो बैठे हैं विरोधी दल के नेता हैं
कुछ झूठे आरोप थे उनपे,
वो सत्ताधारी का चपरासी है ना
वही आरोपों को रफ़ा-दफ़ा करता हैवो सरकार में सबसे बड़ा नेता है
वही गांधी को तिजोरी में रखता है,
और सबसे अनूठे
पार्टी प्रेसिडेंट मिस्टर फॉल्स
ये होते सही हमेशा
नहीं समझती मूर्ख जनता ।।२।।

हर राजघर अलग रंग का है

कहीं दीदी का राज
कहीं चाय वाला बाज,
कहीं साईकिल रेस
कहीं हाथी फेस-टू-फेस,
कहीं लैंप कहीं झाड़ू
कहीं खरीदूँ कहीं मारूं,
सबमें है जीत की होड़
अभी रखो
देश एक किनारे एक ओर ।।३।।

आरोप प्रत्यारोप
कुपित शब्दों के कोप,
रूप मीडिया का हुआ यूँ प्रचंड
नेता आए कुछ और निखर,
हर घोटाले के बाद
केवल वोटों की शेयर बढ़ती है,
घोटाले से ही तो
मुफ्त में पार्टी पब्लिसिटी मिलती है ।।४।।

आज मेरी कल तेरी
चल मिलकर खाते हैं,
हम आपके
आप हमारे गुण गाते हैं,
मूर्ख है ये जनता
हमें ही वोट डाल जाएगी,
हमारी या आपकी
अपनी ही सरकार आएगी,

आप सत्ता की कुर्सी से
हम विरोधी की जर्सी से,
ऊपर से नीचे जमकर खाएँगे
सबकी सेवा दिल और शिद्दत से करेंगे,
सबको साथ लेकर
कुटुम्ब विकास करेंगे ।।५।।

28. कलम

थक हार
खा दुख दर्दों की मार
कवि झमुरालाल पहुँचे प्रभु दरबार
पूरी शिद्दत से इबादत से
की एक ही गुहार।
थक गया हार गया
हर समस्या की मार खा गया
अब खड़ा तेरे ही द्वारा है
तू ही जीवन सहारा है ।।१।।

मेरी भी सुन
अपने भक्तों में चुन,
वरदान की पेटी खोल दे
एक देवास्त्र मुझे सौंप दे,
या
ताकत दे बुद्धि दे ऐसी कोई घुट्टी दे
अनंत शक्तियों की राम बाण बूटी दे,
एक ही प्रहार, कि सब चित जाएँ
भय में सहस्त्र शीश झुक जाएँ।
ना राम अवतार, ना कृष्ण माया जाल
ना नरसिम्हा, ना असुर दहाड़
व्यर्थ जाए प्रत्येक प्रहार
मुझे अजेय-अमर बना दे
मेरे सपनों को हरि झंडी दिखा दे ।।२।।

यहाँ माँग क्या हुई
हड़कंप मच गया,
आपातकालीन सभा हुई
झमुरालाल हिट हो गया,
देवों के दिमाग में फिट हो गया ।।३।।

सोच विचार कर बुद्धि इस्तेमाल
प्रस्तुत किया गया झमुरालाल,
आते ही नारद ने तीखे बाण छोड़े
भन्नाए हुए ज़बान के घोड़े दौड़े।
क्या रे?
समझ नहीं है
कुछ भी हाँकता है
ज्ञान और बुद्धि नहीं
ताकत माँगता है,
बाणों का रोक वार
झमुरालाल कर गए पलट वार,
ज्ञान का तो हाउस फुल है
ताकत की बत्ती गुल है
ज्ञान कहो तो मुझसे ले लो
मुझे अमरता का चूर्ण चटा दो ।।४।।

बिगड़ते देख भाव
इंद्र ने किया बीच बचाव,
तुरंत एक कलम मँगवाया
झमुरालाल के हाथ में थमाया।

बोले
शिद्दत से इबादत से
मजबूरी में या आदत से
दिल की जलन
मन की खलन,
सपनों के राज
दुनिया के काम-काज,
सबका ये सहारा
पूर्ण हो हर ख्वाब तुम्हारा ।।५।।

कलम देख झन्ना गया
इंद्र को आँखों से खा गया,
ताकत चाहिए बहाना नहीं
अस्त्र माँगा था खिलौना नहीं।
अरे!
खिलौना नहीं ब्रह्मास्त्र है
कमज़ोर नहीं सशक्त है ।।६।।

तहज़ीब के शब्दों की
सरफरोशी तमन्ना है
जीवन धरातल
आसमानी सपना है
गहराई का ज्ञान
झूठ की ज़बान,
सब लिख जाता है
कोरे पन्ने पर रेखाएँ खींच जाता है ।।७।।

मनुष्य जीव-जन सबको जाना है
बड़े से बड़ा महल धराशाही हो जाना है,
ना रावण रहा, ना राम रहे
ना कंस जिया, ना कृष्ण जिए
ना सोने की लंका ना राम अयोध्या
ना कौरवों की सेना ना पांडवों का खेमा
रह गया स्याही का दाग
जिससे लिखा महाभारत भाग ।।८।।

अमरता की कुंजी है
जीवन सार पूँजी है,
ख्वाब है यकीन है आदत है
चाह है, यही ताकत है।
ज़मीर की इबादत है
कविता है, अफ़साना है, कहावत है
दिल से दिमाग की करामात है,
हक़ीक़त की, सपनों की इमारत है
हँसने-हँसाने की बनावट है,
सतयुग की कलयुग की फाटक है
अच्छाई-बुराई की यह नाटक है,
जीवन सी कीमती
और दंगों सी आफ़त है,
इस नाचीज़ कलम की यह ताकत है ।।९।।

29. बेईमान दिल

उन यादों के प्यालों में तो
शक्कर घोल रखी है हमने
अब मीठा पीते-पीते
जी भर आया है,
आज फिर उनसे मिल
सादगी का चटपटा जाम चखने को
दिल मचल गया है ।।१।।

उन बातों की थाली में तो
अपनी तारीफें सजा रखीं हैं हमने
अब अच्छा सुनते-सुनते
जी भर आया है,
आज फिर उनसे मिल
कुछ कड़वी मीठी बातें करने को
दिल मचल रहा है ।।२।।

उन ख्वाबों के सुंदर बस्ते में तो
भारी-भारी ख्वाब रखें हैं हमने
अब इतना भारी ढोते-ढोते
जी थक गया है,
आज फिर उनसे मिल
कुछ नए हल्के ख्वाब बुनने को
दिल मचल गया है ।।३।।

उन इरादों के ऊँचे महलों में तो
कई सपने बसा रखें हैं हमने
इन सपनों की सेवा करते-करते
जी हार गया है,
आज फिर उनसे मिल
कुछ सपने पूरे करने को
दिल मचल रहा है ।।४।।

उन वादों के सुनहरे बस्ते में
कीमती बातें रखीं हैं हमने
अब इनकी कीमत गिनते-गिनते
जी ललचा गया है,
आज फिर उनसे मिल
कुछ कीमती वादे चुराने को
दिल बेईमान हो गया है ।।५।।

www.ingramcontent.com/pod-product-compliance
Lightning Source LLC
Chambersburg PA
CBHW070645240926
51846CB00003BA/790
* 9 7 8 9 3 7 5 2 7 5 8 7 9 *